Léonie Garicoïts

No sé conjugar el verbo amar

I Can't Conjugate the Verb "To Love"

Prólogo Rafael Courtoisie

Traducción Laura Chalar

Nueva York, 2018

No sé conjugar el verbo amar / I Can't Conjugate the Verb "To Love"

ISBN-10: 1-940075-76-9
ISBN-13: 978-1-940075-76-1

Design: ©Carlos Velasquez Torres
Cover & Image: ©Jhon Aguasaco
Editor in chief: Carlos Velasquez Torres
E-mail: carlos@artepoetica.com
Mail: 38-38 215 Place, Bayside, NY 11361, USA.

Léonie Garicoïts

No sé conjugar el verbo amar

I Can't Conjugate the Verb "To Love"

Contenido

Prólogo

La trayectoria de Leonie Garicoïts, desde el inicial *Vuelta de hoja* (2006) abarca una media docena de poemarios y un par de libros de relatos breves, además de numerosas participaciones en antologías, y algunos trabajos ensayísticos que se relacionan con su especialidad en el ejercicio del Derecho pero que a la vez muestran un vínculo sensible con su proyecto estético.

Es una obra variada y a la vez coherente, que va edificando un proyecto vivo y creciente, coherente en la definición de su estilo y coherente en el crecimiento y la intensidad comunicativa. No hay reiteración lineal, como en ocasiones suele pasar en autores que encuentran "su" decir, sino evolución, cosa que ha sido reconocida y aplaudida por la crítica, además de premiada y señalada en diversos eventos.

En la producción literaria de hombres y mujeres cuya irrupción es clara y madura en este siglo XXI, la obra de Garicoïts ocupa un lugar singular y sólido: no hay reiteraciones sino desarrollo sostenido y a la vez profundización.

El trabajo cuidadoso con la palabra, el evitar los desbordes emocionales sin por eso dejar de lado la vibración sensible y humanística, la inteligencia en la composición que desde el libro inicial hasta el último, pasando por el reflexivo *poder* y por el impresionista, visual y erótico *tatuado en mí*, dan cuenta de una arquitectura poética siempre atenta a la eficacia de sus líneas estructurales y con una definida conciencia de su intención al decir.

En forma paralela, su trabajo en narrativa incursionó en el relato breve donde lo poético es motor comunicacional de un mundo referencial de singular riqueza anecdótica y misterio.

Prologue

Léonie Garicoïts's career, since her first book, *Vuelta de hoja* ("Turning the Page," 2006), encompasses half a dozen poetry collections and a couple of short story collections, besides several appearances in anthologies and some essays in her legal field of specialization; the latter also show a sensitive connection to her aesthetic project.

It is a varied and at the same time coherent oeuvre, which builds a living and growing project – coherent in the definition of her style and coherent with the growth and communication intensity. There is no linear reiteration, as sometimes happens with authors who find "their" voice, but evolution– which has been acknowledged and praised by reviewers and has merited awards and distinctions at several events.

In the literary output of men and women who clearly and maturely burst into this twenty-first century scene, Garicoïts's oeuvre occupies a singular and sound place; there is no reiteration, but a sustained development as well as a deepening.

Her careful work with words, her avoiding of emotional overflow while attending to a sensitive and humanistic vibration, her intelligent craftsmanship from first to latest book, including the introspective *poder* ("Power") and the impressionistic, visual and erotic *tatuado en mí* ("Tattooed on Me"), reveal a poetical architecture always attentive to the efficiency of its structural lines, and precisely aware of its intent in saying.

Simultaneously, she has produced short fiction works where the poetical is the communication engine of a referential world singularly rich in anecdote and mystery.

Ahora aparece un cambio drástico de registro, un cambio necesario en la peripecia vital y en la aventura conjunta de autora y lectores: *No sé conjugar el verbo amar* procura un salto dialéctico, va más allá de los distintos sistemas metafóricos practicados con buen éxito hasta ahora, se interna en la autoficción poética con una crudeza que se torna fuego vivo, llamarada de un decir sin cortapisas, implacable, que toma por asalto la capacidad de atención del lector en un libro breve y coherente, en un poemario donde la claridad referida en cada poema muestra que se trata en verdad se un discurso unitario desgarrado y desgarrante, donde se desarrolla una poética de la sinceridad implacable y poderosa.

Las cuestiones biográficas y de entorno experiencial están a la vista para construir una poética de la vida y la muerte, una vivencia de la relación humana en la situación extrema de la decisión de vivir y en la decisión de morir, la vivencia poética de la agonía cercana, de ese "otro" que es "uno", puesto que es espejo de la peripecia humana en el abismo existencial.

Nadie se deje engañar por la sencillez brutal de un título hermoso y profundo: aquí ocurre un milagro de expresión, se habla de lo que no se puede nombrar, se logra poner en palabras lo que estaba en las sombras, callado; se lo saca a la luz y se comparte en su pureza vivencial.

No sé conjugar el verbo amar es un poemario estremecedor, una enseñanza indeleble que muestra lo sublime y terrible de la experiencia humana, insoslayable, de la muerte.

Rafael Courtoisie

We now witness a dramatic change in tone, a necessary change in the life trajectory and joint adventure of author and readers: *No sé conjugar el verbo amar* ("I Can't Conjugate the Verb 'To Love'") makes a dialectical leap –goes beyond the different metaphoric systems hitherto employed with success– goes deep into poetical autobiographical fiction with a starkness that becomes a live fire, a flame of unhindered, implacable words, taking by storm the reader's attention in a brief and coherent book, a poetry collection where each poem's clarity proves this to be one single harrowing and harrowed discourse, where the poetics of implacable and powerful sincerity is deployed.

Biographical and empirical issues are displayed to build a poetics of life and death, an experience of human relationships in the extreme situations of the decision to live and the decision to die – the poetical experience of agony from close up, of the agony of that "other" who is "oneself," since she is the mirror of human vicissitude in the existential chasm.

Let no one be deceived by the stark simplicity of a beautiful and deep title: here is a miracle of expression –the unnamable is spoken about and what lay in shadow and silence is at last put into words– brought to light and shared in its living purity.

No sé conjugar el verbo amar is a haunting collection, an indelible lesson that shows the grandeur and terribleness of the human and unavoidable experience of death.

Rafael Courtoisie

No sé conjugar el verbo amar

I Can't Conjugate the Verb "To Love"

No sé conjugar el verbo amar

> "Lo más trágico de la muerte de mi madre
> no fue que de vez en cuando nos hiciera terriblemente desdichados
> sino que la convirtió en un ser irreal y a nosotros en seres solemnes y
> cohibidos. Nos vimos obligados a desempeñar roles que no sentíamos
> como propios, a buscara tientas palabras que no conocíamos."

Virginia Woolf-
Diarios

I

No sé conjugar el verbo amar,
quizás me pesaría menos el alma
si te hubiera dicho "te amo"
todas las veces, las necesarias y más,
dos palabras difíciles de pronunciar.

Los hospitales tienen esa impersonal
forma de ser,
olor a éter, desinfectante,
llanto de vida y
llanto de muerte.

No me gustan los hospitales.
Les tengo miedo.
No por mí.
Es que la muerte siempre
acecha.

Las paredes del CTI blancas,
luminosas, asépticas,
frías como venas sin sangre,
con relojes invisibles que

I Can't Conjugate the Verb "To Love"

"The tragedy of [my mother's] death was not that it made one, now and then and very intensely, unhappy. It was that it made her unreal, and us solemn, and self-conscious. We were made to act parts that we did not feel; to fumble for words that we did not know."

Virginia Woolf,
Diaries

I

I can't conjugate the verb "to love" –
maybe the heartache would lessen
if I had said "I love you"
every time, when I needed to and more –
three difficult words to pronounce.

Hospitals have that impersonal
air, the smell of ether,
disinfectant,
the weeping of life and
the weeping of death.

I don't like hospitals.
I'm scared of them –
not for me, but because death
always hovers.

White ICU walls,
luminous, aseptic,
cold as bloodless veins,
with invisible clock hands that

señalan la muerte,
enmudecen ante la vida.
Es que el CTI es una boca insaciable,
el hospital antecámara funeraria,
y nosotros, mercadería de servicios
mortuorios.

No supe decir "te amo".
Tú me enseñaste a amar,
y yo siempre le tuve miedo.
Es una palabra con un significado
que ata el alma.

Tantas muertes se me apretaron
desde temprano, que amar
se volvió un verbo difícil de
pronunciar. Callarlo exorcisa
el miedo a perder.

Acá estoy, despidiéndome
de ti y le sigo dando vueltas
a la palabra, y sigo buscando
la forma de decirte
y no decirte

point to death
and fall silent before life.
Because intensive care is an insatiable mouth,
the hospital a burial antechamber,
and we the funeral industry's
merchandise.

I didn't know how to say "I love you".
You taught me to love
and I was always afraid to.
It is a word whose meaning
binds the soul.

Because so many deaths crowded into me
from early on, to love
became a difficult verb
to pronounce. Not saying it exorcises
the fear of loss.

Here I am, saying goodbye
to you and still turning the word
over in my mind and looking
for a way to tell you
and not

II

Te estabas muriendo de soledad
y miedo,
no supe darme cuenta.

Tenías la frente blanca,
con los pliegues marcados,
pliegues de dolor, de angustia,
desamparo.
Tus ojos no se abrían, se negaban
a la vida.
Tu boca reflejaba tu frente
en el gesto triste de quien
no quiere sufrir, y llama
a la muerte.

Te estabas muriendo
de miedo
a seguir viviendo.

II

You were dying of loneliness
and fear
and I couldn't realize.

Your forehead was white
and etched with wrinkles
of pain, anguish,
forlornness.
Your eyes wouldn't open, refused
life.
Your mouth mirrored your forehead
in the sad gesture of one who won't
suffer and calls
for death.

You were dying
of the fear
to go on living.

III

Doctor, por favor,
¿le puede dar algo para el dolor?

Pero no se calma el sufrimiento
cuando se instala en el cuerpo,
cuando grita en la sangre,
y ahoga el alma.
No hay forma de parar
la escalada abrupta de la muerte
cuando el alma ya no quiere
sentir.

No tenía palabras para sacarte
del encierro.
Mi voz no era suficiente.

Ni mi voz, ni otras voces
podían arrancarte del vacío
olor a hospital,
del deseo de olvidar,
abandonar y huir.

Te escurrías en el silencio,
impalpable en tu dolor,
con el cuerpo como candado.

Sola, una y otra vez
sola.
Y yo no te podía decir
"te amo".
Si lo hubiera dicho,
¿te habrías quedado?

III

Doctor, please,
can you give her something for the pain?

But you can't dull the suffering
installed in the body,
screaming in the blood,
drowning the soul.
There's no way of stopping
death's abrupt escalade
when the soul will no longer
feel.

I had no words to deliver you
from your prison.
My voice was not enough.

Neither my voice nor other voices
could tear you away from the empty
hospital smell,
the desire to forget,
surrender and flee.

You seeped away amidst the silence,
impalpable in your pain,
with your body as padlock.

Alone, time and time again
alone.
And I couldn't say
"I love you".
Had I said it,
would you have stayed?

Doctor, por favor,
¿tiene algo para que me
calme este dolor?

Doctor, please,
can you give me something
to dull this pain?

IV

Ahí estabas, boca abajo,
el camisón trepando por
tus piernas
que llegan hasta
tus tobillos
torcidos
con las puntas de los pies
apuntando
al centro de tu cuerpo;
los brazos a lo largo
del torso,
las palmas de las manos,
vueltas hacia arriba,
últimos ojos abiertos
que invocaron súplica al mirar al cielo;
la cabeza ladeada
como si buscara una ventana de aire
que abriera los pulmones,
apenas enterrada en el vómito sorpresivo,
boqueando tu respiración.

El camisón enrollado, cubriendo las partes
íntimas, deja al descubierto la mancha triste
de la incontinencia.

Te pienso en un estado de duerme vela,
viajando entre la conciencia y el inconsciente,
¿sentirías lo vejatorio de tu estado?

Sin duda te ganaba el miedo,
un miedo genérico que alternaba
entre el de morir y el de seguir viviendo,
un miedo que solo entierra
un poco más al cuerpo.

IV

There you were, face down,
nightdress riding high on
your legs that ended in
crooked ankles,
toes pointing
towards the middle of your body –
arms along your torso,
palms outstretched,
last eyes open
pleading to heaven –
head turned to one side
as if looking for a stretch of breath
to open the lungs,
barely buried in sudden vomit,
gasping for air.

The rolled-up nightdress, covering
your private parts, reveals the sad
stain of incontinence.

I think of you in a slumber,
traveling between awareness and the unconscious –
could you feel the humiliation of your state?

Fear undoubtedly triumphed over you –
a generic fear alternating
between fear of dying, fear of life,
a fear that only buries
the body a little more.

La ambulancia grita desesperadamente
mientras te lleva en su vientre
para parirte viva.

The ambulance screams desperately
as it carries you in its womb
to deliver you alive.

V

Lavé tu camisón, tu saco, borré
todo vestigio de vómito y orín;
esperé y pagué a tu empleada.

En la mecánica de la rutina,
en las respuestas repetidas,
mintiendo una certeza,
pretendía enterrar el miedo
a tu muerte
ya instalado en mis huesos.

Así, despojada de todo sentimiento,
aséptica y esterilizada traspuse
las puertas corredizas.
Y me di de bruces con tu silencio.

       -Tiene que ir al CTI, suba la escalera y a la izquierda;

Una aplanadora sobre mi angustia me obnubiló.
Nada más fue coherente, nada más fue cierto,
esas tres letras CTI me doblegaron, anestesiaron,
caminaba como robot, pensaba como máquina,
y el corazón se me había quedado tan chico y apretado
como si fuera a desaparecer colgando de una lágrima.

Y ahí estaba yo con tu necessaire, tu camisón, tu ropa interior,
Y tu bastón; y allí estaba el doctor
diciendo:
       -No podemos determinar cuántas pastillas ingirió,
ni si absorbió vómito,
no podemos precisar la índole
de las lesiones cerebrales,
ni si queda en coma,

V

I washed your nightdress, your coat, deleted
every vestige of vomit and urine;
I waited for and paid your maid.

In the mechanics of routine,
in repeated answers,
in my false certainty,
I tried to hide the fear
of your death
already settled into my bones.

Thus, stripped of all feeling,
aseptic and sterilized, I crossed
the sliding doors –
and crashed headlong into your silence.

You need to go to the ICU, go up the stairs and turn left.

A steamroller on my anguish blinded me.
Nothing more coherent, nothing truer,
these three letters, ICU, defeated and
anesthetized me – I walked like a robot, thought like a machine,
my heart become as small and tight
as if it would vanish hanging from a tear.

And there I was with your toilet kit, nightdress, underwear
and cane – there was the doctor
saying, *We can't be sure how many pills she swallowed,*
or whether she swallowed vomit,
or the nature of her brain damage,
or whether she'll remain in a coma,

ni si se muere,
ni si despierta
y en qué condiciones lo hace.

A mí me pesaban tu necessaire y tu bastón,
me sentía el Espantapájarro del Reino de Oz,
caminaba como él, perdiendo paja por todos mis
descocidos, y a cada paso más descocidos.

Hui.
Me escapé.
No sé qué tarea impostergable me inventé,
para justificarme mi huída.

Arrojé tu bastón y necessaire,
como si quemaran mis manos,
dentro del maletero
y me subí al auto.

Y corrí como solo corre quién sabe que
le escapa a la muerte, a la peor muerte
a la de un ser amado.

die
or wake up,
or in what state.

Your toilet kit and cane weighed me down –
I felt like the Scarecrow in the Kingdom of Oz,
walked like him, losing straw from all my
burst steams, unravelling with every step.

I fled.
I escaped.
I don't know what unpostponable chore I invented
to justify my leaving.

As if my hands were burning,
I threw your cane and toilet kit
inside the trunk
and climbed into the car.

And I sped as people speed who know
they are fleeing death – the worst death,
that of a loved one.

VI

Pero no me escapé.
Seguí yendo al hospital,
seguí esperando los informes médicos,
seguí diciendo feliz año, aunque el 3 de Enero
fue quedando atrás.
¿Era yo ese maniquí ausente?

Como una muñeca, día tras día miraba
al médico con ojos vacíos, entraba al CTI
a contemplar tu cuerpo y borrar tu dolor
con mi mano.

Pero era tenaz y no se iba la mueca,
no se iba el vacío, no ahuyentaba
el silencio ni tu padecer.

        -Dejate ir, no sufras más; todos
estamos acá junto a ti. Dejate ir,
no sufras más.

VI

But I didn't run away.
I kept going to the hospital,
waiting for the medical reports,
saying happy New Year, although January 3
slowly fell behind.
Was I this absent mannequin?

Day after day, like an empty-eyed doll, I watched
the doctor, walked into the ICU
to gaze at your body and erase your pain
with my hand.

But pain was stubborn and the grimace wouldn't go,
the emptiness wouldn't go, I couldn't chase
the silence or your suffering.

Let yourself go, stop suffering — we're all
here with you. Let yourself go,
stop suffering.

VII

-Hola, es del hospital necesitamos que venga.

-Su madre no puede respirar -dice el médico-
necesito que autorice una traqueotomía
si no muere ahogada.

Tenías miedo a morir ahogada.
Tus problemas respiratorios,
siempre te asustaron.

Tampoco querías ir al CTI.
-Por favor, no quiero que me internen
en el CTI,
dejáme morir. Pero ahí estabas,
dejando pasar la vida,
pasar a través, sin ganas de respirar.

No pude dejar que el estertor agónico
de tu muerte fuera el ahogo.

-Lo necesario para que no se ahogue.

Y te pedí perdón.

No pude dejar que tus pesadillas
fueran carne. No quiero esa muerte
para mí, no la quise para ti.

VII

Hello, we're calling from the hospital, we need you to come.

Your mother can't breathe, says the doctor,
I need you to authorize a tracheotomy
or she'll suffocate.

You were afraid of asphyxia.
Your breathing problems
always scared you.

But you didn't want intensive care.
Please, I don't want to go
into intensive care – just let me die.
But there you were,
letting life pass through you,
with no desire to breathe.

I couldn't allow your death throes
to come from suffocation.

I said, *Just do what's needed so she won't suffocate.*

And I asked your forgiveness.

I couldn't let your nightmares
become flesh. I don't want that death
for me, didn't want it for you.

VIII

Toqué el timbre y demoraban
    -Visita, dije.
      - Un momento, la están asistiendo.

Y me senté a esperar, solo
un ente sentado, sin pensar
lo único que podía pensar.

Tú morías cuando yo tocaba el timbre.

No creías en nada
más allá de la muerte.

Ni almas que vuelan,
ni reencarnaciones u otras
vidas.
Solo esta descarnada rutina
del hoy en esta tierra.

El mar era tu refugio.
Te enfrentabas a la escollera
Sarandí blandiendo vida,
enjugabas las lágrimas
y volvías a la lid sin arrepentimientos.

A mí me queda el consuelo
de tu alma viendo mi cuerpo
presente en tu agonía.

VIII

I rang the bell and they took too long.
Visitor, I said.
One moment, she's being assisted.

And I sat down to wait, just
a sitting being, without thinking
the only thing I could think.

You were dying as I rang the bell.

You believed in nothing
beyond death.

Not in soaring souls,
not in reincarnation or other
lives.
Only in this stark routine
of today on earth.

The sea was your haven.
You faced the Sarandí pier
wielding your life,
dried away your tears
and returned to the fight with no regrets.

My consolation is
your soul watching my body
present at your agony.

IX

Sigo huyendo,
muda
me repliego en ti.

La muerte es incontestable.
Vivo para el destino
inexorable
de la muerte.

IX

I am still fleeing –
mute,
I retreat into you.

Death is incontestable.
I live for the inexorable
fate
of death.

Odi et amo

Odi et Amo

Odi et amo

I

y es su perfume que se cuela entre mis lágrimas y se sacude por mis sollozos, y se olvida de la revancha en este cuerpo mancillado, y acaricia los párpados hinchados, destierra a la enemiga de mis pesadillas, y envuelve con su mano el resto de esperanzas que encierra en su rostro, rostro que me ilumina cuando resucita y si es esta ahora y es la otra que me olvida y se acobarda con la furia que se desata en la venganza sobre mi cuerpo, venganza a la que soy lejano, furia que no me pertenece, en la noche de sus sentidos pierde la cuerda que la ata y reniega de su ser, y su silencio me afrenta, y huyendo deja guarecer golpes y llena la cama de agujeros negros, y en mi almohada su sangre y la mía, y son los abismos que le provoca mi nombre, y con la tristeza del luto sus manos recorren mi cara, y arrincona mis pesadillas… hoy, ayer, en espera del fantasma que nos recorrerá mañana, sin poder olvidar.

Odi et Amo

I

and it's her scent that slips between my tears and shakes along my sobs, and forgets revenge on this tarnished body, and caresses the swollen eyelids – that banishes the enemy from my nightmares, and wraps with its hand the remainder of the hopes in her face, a face that illuminates me in her resurrection and if it's her now and it's the other that forgets me and cowers in the fury unleashed in the vengeance on my body, a vengeance to which I'm alien, in the night of her senses she loses the rope that binds her and denies her being, and her silence affronts me, and in fleeing she stops sheltering blows and fills the bed with black holes, and her blood and mine on my pillow, and these are the chasms my name provokes in her, and with mourning's sadness her hands travel my face, and she corners my nightmares... today, yesterday, awaiting the ghost that will travel through us tomorrow, without oblivion.

II

noche quebrada, hora afligida, ese húmedo instante en que golpeasteynosentiste,enelbrevesuspiroqueterobóelalcohol, seperdióturazón,enesesegundodejastedeserysedescubrióla bestia que anidaba en tu pesadilla; y perseguiste mis luciérnagas, yestrujaste mis besos, y escondiste mis noches, y me llevaste alprecipicio cuando clamaba, cuando cerraba los ojos por el fuegofatuo de los tuyos, cuando agonizaba en tus brazos que habían sido, cuando esperaba te apiadaras, cuando un "ya no más" quemaba mi garganta, cuando miraba las píldoras del olvido y añoraba la aniquilación; cuando en ese segundo se encontraron nuestras miradas supe que no eras vos, que no era yo, que habían quedado atrás los años y que es el abandono de nuestras almas lo que nos marca la despedida.

II

broken night, sorrowful hour, that damp instant in which you struck and did not feel, in the brief sigh that alcohol stole from you your reason was lost, in that second you ceased to be and the beast nesting in your nightmare was uncovered – and you chased my fireflies and crumpled my kisses, and you hid my nights, and you took me to the brink when I cried out, when I closed my eyes against the will-o'-the-wisp of yours, when I lay dying in your arms that had been, when I waited for you to have mercy, when a "never again" burned my throat, when I looked at the pills of oblivion and longed for annihilation – when in that second our eyes met, I knew that it wasn't you, it wasn't me, that the years had gone by and that it is the forsaking of our souls that marks our goodbye.

III

aunque sea en vano, y se pierda en el desierto, aunque no tenga justa causa y sea sólo un capricho, aunque la vida nos arrastre en corrientes ajenas, y sea sólo una quimera; no puedo dejar de dibujar tu rostro con mis manos, seguir la curvatura del límite de tus estados, rozar tus labios, recorrer tus ojos, y esa mirada que me quema; y no sé si sos vos o simplemente uno más. Y no sabía quién eras, y no tenía ni idea, y no sabía qué había detrás de tu mirada que subyuga, que domina, que me hace pequeña; mientras pensaba, no estaba preparada, iba sólo de camino, y me tropecé con mi ser de mujer, ese que escondía, y que sólo tu mirada iba a descubrir, esas ansias que hoy queman, que me hacen capaz de cualquier derroche, y que me obligan a olvidar lo que fue mi alivio; no puedo estar sin aspirar a más.

III

even if it's in vain and lost in the desert, even if it has no just cause beyond a mere whim, even if life pulls us in opposite currents and is but a chimera – I can't stop tracing your face with my hands, following the curve of the boundary of your states, grazing your lips, traveling your eyes and burning gaze – and I don't know whether it's you or just another one. And I didn't know who you were, and I had no idea, and I didn't know what lay behind your subjugating gaze which dominates and makes me small; while I thought, I wasn't ready, I was just passing by and I stumbled upon my womanly being, the one I was hiding and which only your gaze could discover, those longings that burn me today, that make me capable of any squandering and force me to forget what was my relief – I cannot be without aspiring to more.

IV

"… Constituye violencia doméstica toda acción u omisión, directa o indirecta, que por cualquier medio menoscabe limitando legítimamente el libre ejercicio o goce de los derechos humanos de una persona …"
(Ley Nª 17.514, art. 2ª).

y quedaron en el umbral, en el país del nunca jamás, junto con el primer estremecimiento del velo de novia desgarrado por un mano y se encontró muerta al borde de la cama, en un silencio de condena, entre sábanas frenó sus manos, y atrapó su voz; y en la rutina de los días que pasan buscó el consuelo de la pausa de su ausencia, sufría el golpe de la puerta que marcaba el regreso del animal adormecido; y nadie le dijo que la verdad no escapa, que no existe el láudano para disfrazarla, que el príncipe es azul primitivo y salvaje, que el reino está perfumado de azufre y a la bella durmiente la engañaron sus ansias, y se equivocó, el silencio no la salva, y se equivocó al dejar que la noche llenara su día, y olvidó que las horas pasan y dejan sus despojos como señal, y encontró consuelo cuando él alzó la mano por vez final y ya no más.

IV

"… Domestic violence is any direct or indirect action or omission that in any way curtails, and unlawfully limits, the free exercise or enjoyment of a person's human rights…"
(Law No. 17514, section 2).

and they were left at the threshold, in neverland, with the first quiver of the bridal veil torn by a hand, and she found herself dead next to the bed, in a condemning silence, between the sheets she stopped her own hands and trapped her voice – and in the routine of the passing days she sought consolation in the pause of his absence, suffered the door's slamming that marked the return of the slumbering beast – and nobody told her that the truth will not flee, that there is no laudanum to disguise it, that prince charming is primitive and wild, that the kingdom's scent is sulfur and sleeping beauty was cheated by her longings, and she was wrong, silence will not save her, and she was wrong to let the night fill her day and forgot that the hours pass and leave their spoils as a sign, and she found consolation when he raised his hand for the last time and no more.

V

"Se deberá comparecer a todos los actos
del proceso asistido por abogado"
(Art. 37,Código General del Proceso).

copas esparcidas
ceniceros desbordantes
encierro, alcohol, angustias
en clave de desamor.
la pregunta pendiente
en la soledad
ante la puerta.
límite hostil,
entre dos y uno
señala la ausencia.
la eterna espera
de la llamada
recordando tiempos
de vino y cuerpos
la otra llamada
que marca la decisión
pendiente
señala vuelta de hoja
desahogo ante
el confesor de estos tiempos.
misionero de hacer,
de reconstruir, la
vida en sus manos.

V

"The parties shall be assisted by a lawyer
in every procedural act"
(General Procedural Code, section 37).

scattered glasses
overflowing ashtrays
seclusion, alcohol, anguish
to the tune of lovelessness.
the pending question
in the loneliness
before the door.
hostile boundary
between two and one
points to absence.
the eternal wait
for the call
remembering times
of wine and bodies
the other call
that marks the decision
pending
points to a turning of the page
an unburdening before
the confessor of these times.
a missionary of doing,
of rebuilding,
life in his hands.

VI

¿de qué estás hecho
que pretendés ignorarme?
peor yo
que te sigo el juego.
y me destrozo
y me rearmo
y volvemos al ataque
escaramuzas y vértigo,
y agito pestañas,
ni me mirás,
y caigo a tus pies,
ni me levantás
no sé de qué estás hecho
todo donaire
todo don nadie
todo aire, sin/don.

VI

what are you made of
that you claim to ignore me?
worse still am I
who go along with you.
and I destroy myself
and rebuild myself
and we charge again
skirmishes and vertigo –
and I bat my eyelashes,
you don't even look at me
and I fall at your feet –
you don't even raise me up
I don't know what you're made of
all poised air
all nobody
all empty air, no/body.

VII

no fue ese golpe, sólo un mojón que se suma en la historia, unosobre otro; y sobre la cobardía floreció un nuevo proyecto, y los sueños se fueron apilando, hasta que fue un ¡basta! sobre sus restos, acudió a la callada realidad para reclamar su integridad escondida en las mentiras que se decía, y olvidó las caricias marchitadas en el abandono, y dejó de sobrevivir, de esconderse, de abandonarse al olvido, y se apoyó en la ignominia de quien se sabe menospreciado, y armó la estrategia de proteger a quienes la observan asombrados y huyen a su cama ante el primer espanto y si cierra la puerta es por lo que puede quedar de Peter Pan en cadaalma escondida a fuerza de zarpazos, es por esos brazos que seextienden en busca del consuelo, es por esas lágrimas que seesconden en manga llena con pañuelos, llena de noches de lunaoscura, insomnios y temblores, es por ellos que miran expectantes que no se rinde.

VII

it wasn't that blow, only one more milestone in the story, one upon the other – and a new project flourished on cowardice, and dreams kept piling up, until there was an 'enough!' on her remains, she sought the silent reality to claim her integrity hidden in the lies she told herself, and she forgot the caresses wilted in neglect, and stopped surviving, hiding, abandoning herself to oblivion, and she leaned on the ignominy of one who knows that she's held in contempt, and she created a strategy for protecting those who watch her in surprise and run to their beds at the first fright and if she closes the door it's because of what may remain of Peter Pan in each soul hidden from so many swipes, it's because of those arms held out seeking consolation, it's because of those tears concealed in a sleeve filled with handkerchiefs, filled with dark moon nights, insomnia and trembling, it's because of them who look in expectation that she won't surrender.

VIII

me condenás, una y otra vez me condenás, me acusás en tu silencio, volvés espadas tus abrazos, tus ojos me niegan tu entrega, en mis manos tu cuerpo es reproche, en tu aliento pierdo la fe en mí, trastocás todo, te volvés mi enemiga, ya no sos mi dueña, apenas sí su sombra; esa sombra que me niega mis hijos, me niega el pan, el techo, que se retuerce de gozo cada vez que flaqueo, cada vez que me olvido, cuando me pierdo no es a mí a quien pierdo, te pierdo a ti; tus ojos extraviados, tu grito de guerra, tu cuerpo arma, tu silencio látigo, y me condenás;

me empujás y condenás.

VIII

you condemn me, time and again you condemn me, you accuse me in your silence, you turn your embraces into swords, your eyes deny me your surrender, in my hands your body is reproach, in your breath I lose faith in me, you disrupt everything, you become my enemy, no longer my owner, barely her shadow – that shadow that denies me my children, denies me the bread, the roof – that twists in pleasure every time I falter, every time I forget myself, when I lose myself it is not me I lose but you – your wild eyes, your war cry, your weapon-body, your bullwhip silence, and you condemn me –

you push and condemn me.

IX

mi madre tiene una doble insospechada que tira mis pies de la cama y aparece sin avisar, y transforma sus abrazos en ahogos, su risa en gritos, y asusta a mi hermana, y golpea todo lo que hay, y cierra la puerta y nos olvida, sigue en su vida, mientras mis ojos arden, mi hermana moja la cama, y me invento ser el hombre de la casa, y jugamos a escondernos en el mueble del cuarto ocultando nuestro llanto; y nos llegan sus risas, cantos de porros y vasos amarillos, espiamos zapatos, ruidos de la cama, contamos las horas hasta cerrar los ojos,

y se nos caen los párpados.

IX

my mother has an unsuspected double who pulls my feet
from the bed and shows up without warning, and turns her
embraces into smothering, her laughter into screams, and
scares my sister, and beats everything there is, and closes
the door and forgets us, goes on with her life, while my
eyes burn, my sister wets the bed and I invent myself as
the man of the house, and we play a game of hiding inside
the bedroom closet, concealing our tears – and we can hear
their laughter, songs of joints and yellow glasses, we espy
shoes, bed noises, we count the hours until the eyes close,

and our eyelids droop.

X

golpeás una y otra vez con tu mano mancillada, olvidás que sos padre, que sos hombre, que tu vida ya no es tuya, que otros ojos te miran como ejemplo de sus vidas, que sos el héroe de sus esperanzas; con cada golpe los humillás, menoscabás sus sueños de familia feliz; con cada marca, con cada tajo, con cada quebradura, sus ojos se van alejando, pierden lo niño, se pierden traslúcidos, se vuelven ciegos, fríos, ajenos, y pierden el juego, y pierden los sueños mientras sus cuerpos tiemblan, con cada golpe, con cada copa, agrietás su inocencia, y tomás por asalto sus defensas, ogro insaciable que descuartiza almas en el festejo de una noche de inconsciencia.

X

you hit again and again with your tainted hand, forgetting that you are a father, a man, that your life is no longer yours, that other eyes look up to you as a role model, that you are the hero of their hopes – with each blow you humiliate them, lessen their dreams of a happy family – with each bruise, each cut, each broken bone, their eyes drift away some more, lose the child in them, lose themselves in translucency, become blind, cold, alien, and lose the game, lose their dreams while their bodies shake – with each blow, with each drink, you open cracks in their innocence and take their defenses by storm, an insatiable ogre that cuts souls to pieces in a reckless night's partying.

XI

"… 5) Actuar en todos los asuntos relativos a las personas e intereses
de los menores, incapaces y de los ausentes…"
(Ley Nª 15.365, art. 10).

las horas pasan lentas
se desperezan
en la cuadratura
del reloj,
un agónico
transcurrir.
la mirada estática
en el espacio
vacío, entre dos
razones que pugnan.
mente en blanco
descubre vidas
escondidas
entre hojas y papeles.
trazos temerarios,
bosquejan
sentimientos,
empaquetan
pesadumbres,
en reglas de tres por dos
cada dos por tres
acierta, asevera,
pautando vidas.
cada dos por tres
de tres por dos,
ajusta a la vida
la regla sistemática.

XI

"... 5) Act in all affairs pertaining to the person and interests of minors,
the incompetent and the absent..."
(Law N° 15365, section 10).

the hours go by slowly
stretch themselves out
within the clock's
quadrature,
an agonizing
elapsing.
a static gaze
on the void
space, between two
conflicting reasons.
empty mind
discovers lives
hidden amongst
sheets and papers.
bold strokes
sketch
feelings,
package
glooms –
in rules of three by two
often
mind gets it right, asserts,
draws a grid on lives.
often
three by two
it adjusts the systematic
rule to life.

XII

cómo recordarte si nunca has sido; como
sombra de espantapájaros escondés tu
corazón de lata y me dejás sujeta a adivinarte
detrás de lo que no me mostrás, y
te conformás en la imagen que te inventás
por los otros, ignorando mi intento de
encontrarte. Sensibilidad perdida de
mirarte, sin el reflejo discordante en el
que te representás; y escapás al descubrimiento
en mis ojos para no verte
sino como querés verte; sin unidad de
cuerpo/alma, equilibrio justo, preciso entre
ser y creerse, como misterio que se
cree y se piensa más que humano.

XII

how can you be remembered if you have never been;
like a scarecrow's shadow you hide your
tin heart and leave me subject to guessing you
behind what you don't show me, and
you shape yourself to the image you invent for yourself
through others, ignoring my attempt to
find you. lost sensitivity of
watching you, without the discordant reflection in which
you represent yourself – and you escape discovery
in my eyes, to see yourself only
as you want to – no body/soul unity,
just and precise balance between being
and believing oneself, like a mystery that believes
and thinks itself more than human.

XIII

> *"...Todo niño y adolescente tiene derecho a las medidas especiales de protección que su condición sujeto en desarrollo exige por parte de su familia, de la sociedad y del Estado..."*
> *(Código de la Niñez y de la Adolescencia, art. 3ª).*

no, señora, no busque en los papeles mi
historia, no señora, ahí no está… y usted,
señor, no juegue con la lapicera que son
mis latidos los que marcan el ritmo, y
me ahogan, y por encima escuchen mi
voz que nombra, y es más que un vaso
de leche, y es más que una hora de compañía,
y es el vacío del absurdo, y es el
olvido; una vida esperaba y ahora es el
hastío; y ellos como fieras abandonadas,
luchan por vivir, exigen y van contra el
desamor, sin voz, pero es mi voz, está
frente a ustedes, y se tiñe de protesta por
ellos que no pueden, que no quieren, que
no saben, levantar el grito rechazando la
desesperanza, y piden el amparo de quien
no está más a su lado, y no sirve engañar
su insolencia detrás de mi miseria, y en
el silencio huyen de desamores que son
y afectos que fueron en la misma cama.

no, señor, no señora,
ellos están, ellos están, ellos están.

XIII

"… Every child and teenager is entitled to the special protection measures that his or her condition as a developing human being requires on the part of his or her family, of society and of the State…"
(Childhood and Adolescence Code, section 3).

no, ma'am, don't look for my story in the docket,
no, ma'am, it's not there – and you, sir,
don't play with your pen because
it's my heartbeats that set the rhythm
and drown me, and above them hear my
naming voice, and it's more than a glass
of milk, more than an hour's company,
it's the void of the absurd and it's
oblivion; a life waited and now is
spleen – and they like forsaken wild beasts
fight for their lives, demand and oppose
unlove, voiceless, but it's my voice that's
in front of you, tinged with protest on behalf
of they who can't, won't, don't know how to
lift their voices against hopelessness, and ask for
the protection of he who is no longer
beside them, and it's no use concealing
their insolence behind my misery, and in
silence they flee the unlove of today
and affection of yesterday in the same bed.

no sir, no ma'am,
they are here, are here, are here.

XIV

"El juez estudiará directamente los procesos y dictará personalmente
la sentencia"
(Art. 197, Código General del Proceso).

una y otra vez.
hasta los codos,
situación extrema,
no hay tregua,
la decisión oprime,
estrangula.
una y otra vez.
angustia en mis manos.
una y otra vez.
se amontonan,
hacinan, acumulan,
un haz de circunstancias
diferentes, únicas
excepcionales,
a espera de
resolución
que exima la responsabilidad
de descifrar la vida.
una y otra vez.
aguardo un indicio,
una señal
que permita la
agudeza
de discernir, soslayando
hecatombes.

XIV

"The judge shall directly study the proceedings and personally issue the
ruling"
(General Procedural Code, section 197).

time after time.
up to my elbows,
extreme situation,
no truce,
decision oppresses,
strangles.
time after time.
anguish in my hands.
time after time.
they pile up,
overcrowd, accumulate –
a set of different, unique,
exceptional circumstances
awaiting a resolution
that exempts from the responsibility
of deciphering life.
time and time again.
I await a sign,
a clue
that affords the
sharpness
of insight, avoiding
catastrophes.

XV

*justicia y muerte son
y llegan inexorables*

más que una balanza parece una guadaña,
y su rostro impávido, y la venda en
sus ojos… cual Caronte nos lleva en su
barca, ¡hey, vos!, sacale la venda y ponela
sobre nuestros ojos para que, como monedas,
paguen el precio de nuestro viaje…
se obliga a ser imparcial, pero… ¿ignorar
la realidad? Es que la venda le sirve
como escape, le permite ser fría, ajena,
y moverse en un mundo que no es
nada más que perfecto, una ecuación
perfecta… nada más lejano de lo humano,
nada más ajeno; y juzga, y busca sorprender
en un desliz, y no queda otra
ilusión que esperar sea inútil engañarla;
y mientras aguardo que la barca me lleve
quisiera pensar que ella no me es ajena:
que sabe toda la verdad, lo evidente y lo
que se esconde, más de mi miseria; y poder
así continuar mi camino, enturbiar
las aguas para engañar al destino; quiero
creer que endereza entuertos y lucha contra
molinos de viento y quiero creer que
su venda no oculta, es simple trampa para
hacerse más cercana, para ser más tú, para
ser más yo, para mirarnos desde lo absurdo
de nuestra realidad; y mientras ella,
la otra, juega con Caronte y nos espera;
las dos un punto, sólo son un punto, un
punto y seguido, un punto que marca

nuevo principio.

(Publicado en *"poder"*, Doble Clic Editoras, 2008)

XV

*justice and death are inexorable
arrive inexorably*

with more of the scythe than of the scales,
with a blank face and blindfolded
eyes – like Charon ferrying us
in his boat – hey, you, remove her blindfold
and tie it over our eyes so that they,
like coins, may pay for our fare…
we are required to be impartial, but –
to ignore reality? the blindfold serves
as an escape, enables her to be cold and
detached and to move in a world that is
nothing but perfect, a perfect
equation – nothing farther from the human,
nothing more alien; and she judges, and strives
to catch a slip-up, and there's no illusion
but to hope it's useless to deceive her –
and while I wait for the boat to ferry me
I'd like to think that she's not alien to me –
that she knows the whole truth, the evident
and the hidden, and more of my misery –
I wish I could go on this way, muddying the waters
to cheat fate – I want to believe that she redresses
wrongs and fights against windmills and I want to believe
her blindfold doesn't hide things but is rather a trick
to bring her closer, to make her more "you", more
"I", and enable her to look at us from the vantage point
of our absurd reality – while he, the other one,
plays with Charon and waits for us –
both of them a speck, just a speck, a period,
a period that heralds

a new beginning.